ÉTUDES

DE

FORTIFICATION PERMANENTE.

II.

EXAMEN DU TRACÉ

Enseigné aux troupes du génie qui font partie du huitième corps d'armée de la
Confédération germanique et appréciation de sa capacité de résistance.

OBSERVATIONS

SUR LE PROJET DE FORTICATION POLYGONALE A CAPONNIÈRES PRÉSENTÉ PAR UN
OFFICIER DU GÉNIE PRUSSIEN.

Par le baron Maurice de Sellon,

Capitaine du génie d'état-major de la Confédération suisse,
Chevalier de la Légion d'honneur et de l'ordre de François 1er (des Deux-Siciles).
ancien élève de l'école Polytechnique.

PARIS,

LIBRAIRIE MILITAIRE, MARITIME ET POLYTECHNIQUE

DE J. CORRÉARD,

LIBRAIRE-ÉDITEUR ET LIBRAIRE-COMMISSIONNAIRE,
RUE CHRISTINE, 1.

—

1850

ÉTUDES

DE

FORTIFICATION PERMANENTE.

II.

SAINT-CLOUD. — IMPRIMERIE DE BELIN-MANDAR.

ÉTUDES

DE

FORTIFICATION PERMANENTE.

(II.)

EXAMEN DU TRACÉ

Enseigné aux troupes du génie qui font partie du huitième corps d'armée de la Confédération Germanique et appréciation de sa capacité de résistance.

OBSERVATIONS

SUR LE PROJET DE FORTIFICATION POLYGONALE A CAPONNIÈRES PRÉSENTÉ PAR UN OFFICIER DU GÉNIE PRUSSIEN.

Par le baron Maurice de Sellon,

Capitaine du génie dans l'état-major de la Confédération suisse ,
Chevalier de la Légion d'honneur et de l'ordre de François 1er (des Deux-Siciles),
ancien élève de l'école Polytechnique.

PARIS,

LIBRAIRIE MILITAIRE, MARITIME ET POLYTECHNIQUE
DE J. CORRÉARD,

LIBRAIRE-ÉDITEUR ET LIBRAIRE-COMMISSIONNAIRE,
RUE CHRISTINE, 1.

1850.

PRÉFACE.

Au 13ᵉ chapitre de l'ouvrage intitulé (1) *Vorschrift für den pionnierdienst imﬡ achten deutschen armee corps. — 5ᵗᵉʳ Theil. Befestigung's-arbeiten*, et dans lequel les travaux de mines, ceux de fortification de campagne et les travaux de guerre en général sont traités avec une clarté et unescience remarquables, nous avons trouvé sous le titre de : *Einige Erklärungen aus den beständigen Befestigung* (2), une courte exposition de la Fortification Permanente. Le texte, en renvoyant à des planches fort bien gravées, se borne à donner le nom et à indiquer l'usage des principales pièces du tracé d'une place. L'atlas renferme le système de Cormontaigne, pl. xv ; le tracé du fort Alexandre à Coblentz, pl. xvi ; et enfin pl. xvii, un tracé polygonal modifié de celui de Montalembert, et assez rapproché de celui de la pl. xvi, qui paraît être, d'après les trois planches consacrées aux profils et aux détails, celui qui doit servir de modèle et de base à l'instruction des troupes du génie en Allemagne.

Pour continuer la tâche que nous avons entreprise il y a bientôt cinq années, nous nous proposons d'examiner attentivement le fort et le faible de ce tracé. Nous avions attaqué la théorie même de la *fortification perpendiculaire* dans nos *Mémoires sur la fortification*

(1) Instructions pour le service des pionniers du 8ᵉ corps d'armée de la confédération germanique, 5ᵉ partie. Travaux de fortifications.
(2) Quelques détails sur la fortification permanente.

tenaillée et polygonale. Dans notre travail sur la citadelle de Rastadt, nous nous sommes pris corps à corps avec un exemple célèbre et récent de la science germanique. Aujourd'hui nous venons peser mûrement quels sont les avantages du tracé polygonal modifié, tel que la Direction supérieure des armes spéciales en Allemagne l'offre à l'étude et à la méditation des officiers et des soldats.

Dans la planche i, nous avons indiqué quelles seraient, selon nous, les dispositions à adopter pour attaquer un front fortifié, d'après ce système, et pour s'en rendre maître le plus promptement possible. Cet écrit fait suite à nos études de fortification permanente. Le travail que nous publions, est un nouvel anneau ajouté à la chaîne des ouvrages que nous avons déjà fait paraître sur cette belle science de la fortification (1) dans le but unique de concourir à son avancement et à ses progrès. Nous avons fait suivre cet examen critique de quelques observations sur la description d'un *système de fortification polygonale et à caponnières,* dont l'auteur est un officier du génie prussien, et dont la traduction par M. le capitaine du génie Parmentier, a paru dans le n° 4, 3ᵉ série, tome vii, du *Journal des Armes spéciales.* Ce système, incontestablement meilleur que celui que nous venons d'examiner, doit surtout sa supériorité aux emprunts qu'a faits son auteur à la troisième manière de Vauban et aux idées nouvelles mises en avant par M. le commandant Choumara dans ses *Mémoires sur la Fortification.*

(1) Essai sur la fortification moderne, 1845. — Mémorial de l'ingénieur militaire, 1849. — Mémoires sur la fortification tenaillée et polygonale et sur la fortification bastionnée, 1850. — Études de fortification permanente. Plan et description de la citadelle fédérale de Rastadt, 1850.

ÉTUDES

DE

FORTIFICATION PERMANENTE.

II.

CHAPITRE PREMIER.

Le tracé du fort Alexandre à Coblentz. dont nous avons parlé deux fois déjà, d'abord dans l'Essai sur la Fortification Moderne (chapitre VIII) et plus tard dans le Mémorial de l'ingénieur militaire , page 32 (pl. VII), se résume en peu de mots : c'est un tracé polygonal avec un flanquement central tiré d'une caponnière casematée dont la gorge s'appuie sur le côté extérieur. Les deux angles du polygone sont enveloppés par une contregarde, et la caponnière est couverte par un ravelin ou demi-lune dont les faces sont percées de casemates qui battent le fossé des contregardes collatérales. Pour boucher la trouée du fossé du ravelin, on a construit dans l'aligne-ment de la contrescarpe des contregardes un masque casematé qui flanque en même temps les faces du rave-lin et balaye leur fossé; enfin, sur le front d'attaque, le glacis est à contrepente et les escarpes sont en partie détachées.

Dans le tracé (pl. xvii) de l'ouvrage que nous exami-nons, le côté extérieur du polygone a 580^m, la caponnière centrale a 50^m de flancs et 50^m à la gorge, et ses faces au lieu d'être défendues par les petits flancs du corps de place comme dans le tracé du fort de Coblentz, le sont par deux traverses casematées construites dans le para-pet du corps de place, et dont les trois embrasures sont tracées en dedans du prolongement de la contrescarpe du ravelin et dirigées de manière à en bien découvrir tout le fossé. Nous présumons que cette disposition a été adoptée dans le but de conserver à la magistrale du corps de place une forme plus rectiligne et de paralyser encore davantage les effets du ricochet. (Voy. pl. I.)

Pour l'hexagone, les angles du polygone sont de 130°, les retranchements des bastions consistent en un corps cen-tral de casemates à canon voûtées et recouvertes d'un parapet qui a de 6 à 7^m de commandement sur la crête du chemin couvert et terminées par deux flancs de 50^m de longueur. Ce retranchement a des vues sur la campagne et des feux rasants d'artillerie pour battre le terre-plein quand il viendrait à être occupé. — Toute l'escarpe du corps de place est casematée de manière à présenter un double étage de feux : le parapet a un commandement de 4^m sur la crête du chemin couvert. Les casemates sont percées de créneaux qui défendent le fossé. La caponnière casematée contient, au rez-de-chaussée, huit embrasures à canon sur chaque flanc pour battre le fossé du corps de place, leurs casemates débouchent dans une cour intérieure à ciel ouvert. Les faces sont percées de meurtrières pour la fusillade. Le parapet dont la caponnière est surmontée, a un léger commandement sur le terre-plein de la demi-lune, mais il n'a aucune vue sur la campagne.

Le saillant de la demi-lune a été porté à 180^m en avant du côté extérieur, ses faces qui ont environ 155^m de longueur, sont casematées et percées de meurtrières pour l'infanterie. Ces casemates débouchent dans deux grands masques casematés construits perpendiculairement à la direction de ces faces, et dont la largeur bouche la trouée du fossé de la demi-lune. On a ménagé entre ce masque et la contrescarpe de la place d'armes rentrante un corridor de 7^m de largeur pour les communications. Ces masques casematés contiennent quatre bouches à feu destinées à balayer le fossé de la demi-lune par des feux rasants. Les places d'armes rentrantes n'ont d'action que sur le chemin couvert par les feux du parapet qui recouvre leurs casemates : et celles-ci ne battent que le fossé qui les entoure. Les masques ont un léger commandement sur le terre-plein des places d'armes. Le fossé des places d'armes est séparé par un ressaut de 2 ^{m} du niveau du fossé de la demi-lune et de celui du corps de place, avec lesquels il communique probablement par une rampe mobile établie à sa gorge.

Le chemin couvert ne porte point de traverses : il est tracé en éventail, et son saillant se trouve porté à 270^m dehors, du côté extérieur du corps de place.

Voilà en peu de mots l'esquisse du tracé polygonal modifié dont la planche I reproduit le plan et la planche II les profils et les détails.

En considérant le dispositif général du tracé, on est frappé tout d'abord de deux choses : la première, c'est que le corps de place ne se défend pas lui-même, une fois la caponnière casematée prise ou réduite au silence; c'est toujours le même défaut que celui du tracé polygonal inventé par Montalembert. — La seconde, c'est que les rentrants et les saillants sont trop peu accusés pour que l'assiégeant ne puisse pas couronner du même coup, en débouchant de la troisième parallèle, le chemin couvert de la demi-lune et ceux des deux angles du polygone, et cela sans s'exposer à être pris dans ses cheminements par des coups à dos. Avec une demi-lune plus saillante, plus large de terre-plein et avec l'application du principe de l'indépendance des parapets et des escarpes, le tracé aurait évité ce grave défaut : l'assiégeant aurait dû, entre deux demi-lunes contiguës, ouvrir une quatrième parallèle pour déboucher sur le saillant du chemin couvert des places d'armes rentrantes et calculer ses zigzags de manière à éviter les coups de revers partis des parapets brisés de la demi-lune.

Ces deux premières observations une fois faites (et ce sont celles qui se présentent les premières à l'esprit), reprenons quelques-unes des objections qui ont été faites contre le tracé bastionné par ses adversaires et voyons s'ils ont réussi, dans ce nouveau tracé, à se tenir en garde contre elles.

1° On a blâmé l'isolement de la demi-lune par le fait de l'imperfection des communications entre elle et le corps de place et son peu d'action sur les approches de l'ennemi en avant du front d'attaque.

Ici la demi-lune est beaucoup plus isolée que dans les tracés de Vauban, Cormontaingne et autres ; le réduit de demi-lune est une retraite plus rapprochée et plus facile pour les défenseurs que la caponnière où l'on ne peut entrer que par la poterne du corps de place. Enfin la tenaille est un masque pour protéger la garnison de la demi-lune et de son réduit, quand ils sont forcés de les abandonner. Dans le tracé polygonal modifié, il n'y a pour issue de la garnison, en cas de sortie, et pour rentrée, en cas de retraite, que les deux portes de poterne qui sont contiguës à la petite caponnière crénelée par laquelle le corps de place communique avec la grande. C'est trop peu.

La demi-lune en question a peu d'action sur les approches de l'ennemi : elle ne porte point de feux en capitale, et comme ses parapets n'ont point été brisés de manière à diriger sur les approches de l'ennemi des feux directs qui le prennent à revers, ses cheminements dans les rentrants ne seront point gênés.

2° On a critiqué l'imperfection des retranchements proposés jusqu'ici pour s'opposer à ce que l'ennemi parvenu sur la brèche du bastion d'attaque ne devienne du même coup maître de toute la place. — Dans le tracé allemand, à supposer que l'ennemi entre par une brèche faite à un des angles du corps de place, ce n'est pas avec la disposition des retranchements indiqués à la gorge de ces saillants qu'on pourra organiser une défense intérieure. Et peut-être y a-t-il lieu de s'étonner qu'on n'ait pas ajouté au corps de casemates qui forme le retranchement, deux murs crénelés qui fermeraient complétement la gorge du terre-plein, et que les murailles n'aient pas été percées pour des feux d'artillerie et de mousqueterie dirigés vers l'intérieur de la place. Les Allemands, qui entendent d'ordinaire si bien la guerre de retranchements, semblent avoir ici négligé leur prudence habituelle.

3° Un autre reproche qu'on adresse volontiers aux tracés bastionnés de l'école française a rapport aux réduits de places d'armes rentrantes. On dit que ces ouvrages sont placés dans une situation très-critique, dès que l'ennemi commence à couronner le chemin couvert, parce que le corps de place ne peut les soutenir et que ses feux seraient dangereux pour leurs défenseurs. Or, dans le tracé polygonal modifié, qu'arrive-t-il ? 1° Le fossé de la face droite n'est battu que très-obliquement par les feux du parapet et des casemates de la demi-lune.

Son terre-plein est bien commandé par les feux du masque casematé de la demi-lune, mais ce masque sera tellement exposé aux feux des batteries D et F, aussitôt que l'ennemi aura couronné le saillant de la demi-lune, que son parapet sera rasé et ses casemates presque ruinées. — Quand on attaquera la place d'armes, cette pièce sera donc livrée à elle-même, et nous avons vu que sa ligne de retraite n'est ni facile ni bien abritée.

4° On reproche au tracé bastionné la longueur des faces de sa demi-lune, celle des faces des bastions et des contregardes, comme donnant trop de prise au ricochet; dans le tracé qui nous occupe, on peut également ricocher les faces de la demi-lune, celles des places d'armes rentrantes, les flancs des retranchements intérieurs et ceux de la caponnière casematée. Les batteries que nous avons désignées par les lettres A et B en avant de la deuxième parallèle sont destinées à cet emploi. Pour nous rendre mieux compte de la capacité de résistance de la place que nous examinons, supposons l'ennemi arrivé à la deuxième parallèle et prêt à en déboucher. — Observons d'abord que notre deuxième parallèle n'est point tracée ici comme elle l'est ordinairement au moyen d'une ligne circulaire décrite, à 300 ^{m} des saillants du chemin couvert de la demi-lune; elle est formée ici de lignes brisées dirigées sur des points situés alternativement à 290^m et 250^m des saillants et des rentrants du chemin couvert; cela peut se faire ici, parce que les rentrants sont beaucoup moins accusés qu'ils ne le sont dans le tracé Cormontaingne, par exemple; par conséquent, les angles de cette parallèle sont extrêmement obtus et ses boyaux couverts contre l'enfilade. Dans ce dernier tracé le saillant de la place d'armes rentrante se trouve à 90^m de la ligne qui joindrait les saillants du chemin couvert de deux demi-lunes collatérales; dans le tracé polygonal modifié, cette ligne en est à 60^m seulement. De ce tracé rectiligne de la deuxième parallèle il résulte que la troisième, tracée à 180^m de la seconde, se trouve passer à 75^m du saillant de la place d'armes rentrantes au lieu d'en être à 200^m. — On conçoit tout l'avantage de cette disposition; en effet, de la troisième parallèle l'assaillant pourra déboucher sur le saillant du chemin couvert, en capitales X et Y, au moyen d'une simple portion circulaire et d'une sape debout de 25 à 30^m de longueur, sans être obligé d'ouvrir, comme pour l'attaque du système Cormontaingne, une quatrième et même quelquefois une cinquième parallèle.

Pour le siége d'une place tracée d'après le système polygonal modifié, l'assiégeant doit se proposer essentiellement deux choses dès l'ouverture de la deuxième parallèle: éteindre les feux des casemates y', y, et zz' par des coups directs verticaux et plongeants de manière à faciliter le couronnement du chemin couvert et le passage du fossé, et ruiner les flancs de la caponnière casematée : une fois ce résultat obtenu, il n'a plus affaire qu'au corps de place, et ce corps de place étant dépourvu de flanquements, peut-être sera-t-il superflu de faire brèche pour y entrer, à l'angle du polygone, comme nous allons le voir tout à l'heure.

L'assiégeant établira donc en dehors de la deuxième parallèle les batteries A, A, B, B, qui ricocheront les parapets de la demi-lune des places d'armes rentrantes et les flancs des retranchements intérieurs. Il commencera en même temps trois attaques, l'une au centre, en sape double et debout, afin de ne pas gêner, par des zigzags, les feux des batteries B, B, et il la dirigera en capitale de la demi-lune jusqu'à 80^m de la crête du saillant du chemin couvert. Les deux autres seront poussées suivant des boyaux croisant en zigzags les capitales X, Y, et aboutiront à la troisième parallèle tracée à 180^m de la seconde. — Quand cette troisième parallèle sera terminée, on s'empressera de construire en avant les deux batteries de mortiers C, C, dont le but est d'écraser les casemates, essentiellement celles du retranchement intérieur z' et celles z' du corps de place. Ce feu devra être violent et continu ; car il abrégera plus tard considérablement la besogne de l'assaillant.

En même temps l'assaillant débouchera sur le saillant du chemin couvert de la demi-lune, sur les places d'armes saillantes des angles du polygone suivant les capitales X et Y, et sur deux points intermédiaires, de manière à mener rapidement le couronnement du chemin couvert et à commencer sans retard la construction des batteries destinées à réduire la place.

Les batteries D, D, F, F tireront sur les embrasures des masques casematés du fossé de la demi-lune, de façon à éteindre leurs feux, mais on aura soin de ne pas les raser, car elles serviront plus tard de parapet contre les feux du corps de place, quand l'assiégeant cheminera dans le fossé de la demi-lune. Il faudra employer la mitraille, les shrapnells et les calibres de 12 pour pénétrer dans les casemates et démonter leurs pièces.

Les batteries **E, E** seront armées des plus gros calibres, pour faire brèche au saillant de la demi-lune.

Les batteries **G, G'** tireront contre les casemates des places d'armes rentrantes.

Les batteries **H'** prendront à revers les traverses casematées **Z'** du corps de place.

Celles désignées par la lettre **H** tireront de haut en bas sur les casemates de l'escarpe du corps de place.

Et enfin celles qui portent la lettre **K** dirigeront leur feu sur la grande caponnière casematée et sur la petite caponnière crénelée qui la joint à la poterne du corps de place.

Dès que le canon des batteries **G, G'** aura forcé l'ennemi à abandonner les places d'armes rentrantes et que la brèche aura été faite au saillant de la demi-lune, l'assiégeant débouchera de sa descente de fossé dans le fossé de la demi-lune qu'il traversera sans danger, parce que les feux de mousqueterie de ses casemates ne sont plus à craindre près de la brèche, et que l'artillerie seule du masque ayant été démontée et son massif conservé, ce dernier servira de bouclier à l'assaillant contre les feux du corps de place. La batterie de brèche **N**, construite dans le terre-plein, est destinée à éteindre les feux de la traverse casematée *z'* qui enfilent le fossé de la grande caponnière casematée et la rampe de la demi-lune. Pendant que l'artillerie sera occupée à y monter trois ou quatre pièces de 24, les sapeurs chemineront en zigzags dans le fossé de la demi-lune jusqu'au masque dont l'entrée leur sera facilitée par une partie des leurs qui se seront introduits par la brèche dans les casemates de la face gauche et en auront chassé la garnison. Ces casemates, celles du masque et le fossé derrière, serviront de lieu de concentration à une forte colonne d'attaque destinée à s'élancer à l'assaut de la poterne quand le moment sera venu ; pendant qu'une autre colonne, franchissant la brèche de la demi-lune, traversera le terreplein et descendra au pas de course par les rampes de gauche et de droite. — Mais il faut pour cela que les batteries K, K et J aient renversé la petite caponnière crénelée qui joint la poterne à la grande caponnière et ruiné les embrasures de ses flancs.

Nous avons déjà fait remarquer, dans le *Mémorial de l'ingénieur militaire*, page 30, les dangers de cette caponnière pour le défenseur, s'il est canonné à la fois dans ses casemates par la droite et par la gauche. Nous avons traité de nouveau ce sujet dans les *Mémoires sur la fortification tenaillée et polygonale*, page 155. Nous n'y reviendrons donc pas dans le travail qui nous occupe aujourd'hui, tout en accordant que la caponnière casematée à cour intérieure du tracé polygonal modifié vaut mieux que celle de Montalembert (1).

---

(1) En effet, les coups qui entreront par les embrasures de droite ne prendront pas à dos la batterie de gauche, puisque ces batteries sont

Tout ce que nous cherchons à établir, c'est que la défense du fossé par le feu rasant de cette caponnière sera réduite à bien peu de chose quand les colonnes d'attaque se précipiteront sur la poterne pour l'enfoncer et pénétrer dans la place.

L'assiégé n'aura, pour repousser cette attaque de vive force, que les feux de mousqueterie des casemates du corps de place, mais pas un seul feu de flanc, la gauche du corps de place ne pouvant rien sur la droite, et réciproquement.

Il est probable que l'ingénieur qui est l'auteur du tracé polygonal modifié, s'est fait illusion sur le plan d'attaque que suivrait l'assiégeant et dont nous venons d'esquisser les principaux traits. Il a donné une énorme épaisseur au saillant de sa caponnière casematée, comme s'il pensait que l'ennemi dût forcément y faire brèche pour s'en emparer. Il a balancé les reliefs de la grande caponnière et ceux de la demi-lune de manière à obtenir sur le terre-plein de ce dernier ouvrage des feux rasants destinés à contrarier l'établissement des batteries que l'ennemi construirait pour faire brèche à la grande caponnière, tandis que les traverses casematées z', z' agiraient contre le passage du fossé. La marche que nous indiquons paralyse et réduit à néant tous ces moyens de défense.

fermées par des murs pleins, mais les projectiles pourront produire en frappant contre ces murs des éclats dangereux. Il aurait mieux valu ouvrir ces casemates par le fond et établir une traverse au milieu de la cour.

Essayons maintenant, en appliquant au système qui vient de nous occuper les calculs de Cormontaingne ou de Bousmard, d'apprécier la durée de sa résistance.

Si on ouvre la première parallèle à 500^m de la crête des glacis, la deuxième parallèle pourra être achevée la quatrième nuit, la troisième parallèle le sera la neuvième nuit, on arrivera au couronnement du chemin couvert la douzième nuit, les batteries de mortiers C et les batteries de brèche pourront être achevées et prêtes à être armées la seizième nuit.

La descente dans le fossé de la demi-lune, qu'on commencera la douzième nuit, prendra huit jours; car elle a environ 28^m de longueur, et on n'avance que de 4^m par 24 heures; elle ne sera donc prête que la vingtième nuit.

Mettons cinq jours (un cinquième en sus du temps nécessaire pour la construction des batteries de brèche de la demi-lune, pour la construction de la batterie de brèche N, pour le cheminement dans le fossé de la demi-lune et pour celui dans le grand fossé), on arrive à la vingt-cinquième nuit.

Ainsi, le vingt-cinquième jour, on pourra donner l'assaut à la poterne.

CHAPITRE DEUXIÈME.

Il faut lire dans le mémoire original traduit par M. le capitaine Parmentier, la description du système polygonal et à caponnières de l'auteur prussien, et son mode de construction. Les excellentes planches qui accompagnent le texte permettent de s'en rendre compte très-facilement. Il n'est pas difficile de voir que le tracé se rapproche de la troisième manière de Vauban à tours bastionnées ; dans le tracé allemand la courtine est brisée en avant, au lieu de former deux petits flancs en arrière. Les contregardes y forment une enveloppe continue au lieu de laisser entre leurs ailes et celles de la tenaille des trouées que Vauban lui-même a critiquées. Par leur tracé les contregardes de l'ingénieur prussien se rapprocheraient assez des contregardes à flancs du général Haxo, en faisant jouer à la contregarde qui est sur la capitale de la demi-lune le rôle d'une tenaille sans flancs. — Le réduit casematé demi-circulaire de la demi-lune vaut peut-être mieux que la caponnière casematée centrale du système Haxo.

Nous trouvons dans la demi-lune, l'application du principe de l'indépendance des parapets et des escarpes, le brisement des parapets, des faces et les traverses en capitale dont M. le commandant Choumara a donné une ingénieuse application dans la planche III° de ses *Mémoires sur la fortification*. Le chemin couvert est sans traverses, selon l'usage allemand, sauf celles qui couvrent les réduits de places d'armes rentrantes dont les tours en forme de fer à cheval rappellent les réduits de place d'armes employés aux fortifications de Rastadt (1).

On voit bien que l'auteur n'a pas visé à ne faire que du neuf, mais dans le choix même et l'application qu'il a faite des idées des ingénieurs qui l'ont précédé dans la carrière, il a fait preuve de discernement et de science.

Voici cependant quelques observations qu'il nous paraît juste d'adresser à l'ingénieur allemand :

1° Nous nous permettrons de critiquer l'application de l'escarpe détachée avec chemins de rondes aux ouvrages extérieurs qui ne sont séparés que par un fossé de la crête du chemin couvert et des batteries de brèche de l'assiégeant. Le mur crénelé, de 1^m,50 d'épaisseur, sera facilement ruiné par le canon ennemi, et ses créneaux

---

(1) Etudes sur la fortification permanente, Plan et description de la citadelle fédérale de Rastadt, etc., par le baron Maurice de Sellon, capitaine du génie de la confédération suisse, etc. — Paris, chez Corréard, 1850.

seront criblés par la mitraille; le chemin de ronde servira d'échelon aux assiégeants pour monter à l'assaut de la brèche de la contregarde et d'avenue pour aller prendre à revers la traverse casematée du flanc de cet ouvrage.

2° Nous ne comprenons pas bien l'utilité du flanc de la demi-lune : d'abord il est un peu court, et puis si son but est de battre le chemin couvert et de prendre à revers les batteries ennemies construites dans son couronnement, il ne peut le remplir, car le réduit en fer à cheval de la place d'armes rentrante masque complétement ses feux directs.

3° Nous pensons qu'il eût été utile de boucher la trouée du fossé de la demi-lune par un masque en glacis, car l'escarpe du flanc dont la coupe *mn* donne une idée (planche IIe) n'est point adossée, et quand elle aura été détruite par le canon de la batterie de brèche construite près du saillant du chemin couvert de la demilune, l'assiégeant pourra par la cour qui sépare le flanc supérieur du flanc bas casematé pénétrer dans la coupure et de là dans le fossé du corps de place, sans avoir besoin de faire brèche au flanc supérieur; la galerie souterraine qui part du fossé de coupure de la contregarde servira également à l'ennemi, une fois maître du réduit de place d'armes rentrante, d'avenue couverte pour arriver dans cette coupure.

Si l'ennemi attaque la demi-lune centrale et les deux angles collatéraux, du polygone, il éprouvera de grandes difficultés en prenant la capitale de la demi-lune pour axe de ses attaques, parce que tout a été prévu dans le tracé pour couvrir d'une pluie de projectiles le terre-plein de la demi-lune et celui de son réduit. Si l'attaque embrasse deux demi-lunes collatérales et l'angle du polygone compris entre elles deux, et que l'assaillant n'entreprenne l'attaque sur le saillant du polygone qu'après avoir réduit les deux demi-lunes , il éprouvera également de grandes difficultés ; nous pensons donc qu'il faut suivre une route intermédiaire.

Suivant nous, l'assiégeant devra cheminer sur la capitale d'un des angles du polygone, et son couronnement de chemin couvert comprendra du saillant d'une demi-lune à l'autre. — Le plan de l'assiégeant devra être, d'éteindre les feux de la face droite de la demi-lune de gauche et ceux de la face gauche de la demi-lune de droite avec ses batteries du couronnement, de réduire au silence le canon de l'aile droite du réduit de demi-lune de gauche et celui de l'aile gauche du réduit de demi-lune de droite ; de canonner vigoureusement avec la contre-batterie du chemin couvert de la demi-lune, le flanc gauche casematé de la contre-garde d'attaque, et de s'emparer de vive force du réduit de place d'armes rentrante ; d'ouvrir la brèche à la face gauche de la contre-garde près de l'angle d'épaule (ce qui sera facile, ainsi que nous l'avons vu), de pénétrer par la brèche et par la galerie souterraine dans la coupure de la contre-garde et de s'étendre de là dans la contre-garde ; de s'enfoncer par le chemin de ronde dans le massif des parapets et d'y ériger des batteries de brèche destinées l'une à ouvrir une brèche à l'escarpe à demi détachée de la courtine brisée du corps de place, l'autre à battre d'écharpe le flanc gauche de la caponnière casematée du saillant.

Enfin, de pénétrer, soit par la brèche faite à la caponnière dans la poterne et le chemin de rondes pour tourner le cavalier, soit par la brèche faite à l'escarpe à demi détachée du corps de place au pied du parapet du flanc gauche du cavalier dont il restera à faire le siége ou le blocus.

En suivant à peu près la marche ci-dessus indiquée, l'ennemi évite de se trouver, dès qu'il est parvenu au couronnement du chemin couvert dans les emplacements sur lesquels l'assiégé peut faire converger le plus de feux plongeants ou directs, il n'a que deux passages de fossés à faire et, au plus, deux époques de batteries de brèche. Imaginons au contraire qu'il prenne la capitale de la demi-lune pour axe de sa principale attaque, il aurait quatre passages de fossés à faire sous un feu direct et rapproché, et quatre époques de batteries de brèche.

Quelle que soit la supériorité de ce tracé polygonal et à caponnière sur le premier que nous avons examiné, nous ne pouvons nous empêcher de persister à croire que les fossés à glacis intérieur, dont il ne fait point usage, sont une des plus importantes ressources de la défense comme bouclier pour les maçonneries, et comme moyen de tenir l'assiégeant sous le feu direct et flanquant des divers ouvrages du front d'attaque. Le tracé en question a beau avoir trois enceintes, chacune de ces enceintes est successivement vulnérable quand la précédente a été envahie.

La construction des casemates est meilleure quant à l'aérage que celle des casemates en usage dans les tracés allemands, mais nous préférons encore celles de Wittich (1) empruntées elles-mêmes du général Haxo, comme protégeant mieux les maçonneries. Dans le tracé de l'ingénieur prussien (voyez la pl. II du mémoire traduit par M. le capitaine Parmentier), le parement extérieur du mur des casemates est partout exposé aux coups directs ou plongeants de l'ennemi, comme dans Montalembert. L'assiégeant pourra donc, dès l'ouverture de la première parallèle, diriger les coups plongeants de sa grosse artillerie sur les maçonneries des réduits de place d'armes, sur celles à demi détachées de la demi-lune et de son réduit, sur celles des contregardes, des caponnières casematées et sur celles du cavalier.

Toutefois on doit reconnaître ici que l'auteur a introduit dans son projet plusieurs améliorations importantes qui étaient acquises à la fortification bastionnée, pliée au terrain, de l'école française et qui sont : 1° le retrait des parapets en arrière du cordon des escarpes, de manière à ce que la chute de celles-ci n'entraîne pas nécessairement avec elle celle des parapets ; 2° le brisement

(1) Examen de la *fortification et la défense des grandes places, par le lieutenant-colonel Willich,* par le capitaine Maurice de Sellon. — Paris, chez Corréard, 1849.

des parapets, indépendamment de la direction suivie par la magistrale; 3° et enfin les grandes traverses en capitale.

En un mot, le tracé polygonal et à caponnières, du capitaine prussien, nous paraît indiquer une ère positive de progrès dans la science de la fortification en Allemagne et un commencement de retour vers les sains principes de la fortification moderne française. Nous nous plaisons à le constater.

OUVRAGES DU MÊME AUTEUR.

Essai sur la fortification moderne ou analyse comparée des systèmes français et allemands, 1 vol. in-8° avec un atlas de quinze planches. 1843.   12 fr.

Considérations sur l'avantage ou le désavantage d'entourer les villes maritimes de France d'une enceinte continue fortifiée, tirées des résultats pratiques de l'efficacité du tir à la mer. Brochure in-8°. 1847.   2 fr.

Examen du nouveau système de ponts a chevalets proposé par le chevalier de Birago, major au grand état-major général autrichien, suivi de l'exposé d'un nouveau système de ponts militaires à supports flottants. Brochure in-8, avec planche. 1847. 2 fr. 50 c.

Mémoire sur les angles morts des retranchements de campagne et sur quelques autres points de fortification passagère. Brochure in-8, avec planches. 1848.   2 fr. 50 c.

Recherches historiques sur la fortification passagère, depuis les temps les plus reculés jusqu'à nos jours, suivies d'un aperçu sur l'état actuel de cette science, et sur le rôle qu'elle est appelée à jouer dans les guerres modernes. 1 vol. in-8°. 1849.   4 fr.

Notice sur l'essai des propriétés et la tactique des fusées à la Congrève, par le colonel d'artillerie A. Pictet. Broch. in-8°. 1849. 2 fr.

Mémorial de l'ingénieur militaire ou analyse abrégée des tracés de fortification permanente des principaux ingénieurs, depuis Vauban jusqu'à nos jours. 1 volume in-8, avec atlas in-folio de 17 planches gravées sur cuivre. 1849.   35 fr.

Examen de la fortification et de la défense des grandes places, par le lieutenant-colonel d'artillerie C.-A. Wittich. Brochure in-8° avec planches. 1849.   2 fr. 50 c.

Examen du mémoire sur les canons se chargeant par la culasse et sur leur application à la défense des places et des côtes, par Jean Cavalli, major d'artillerie, au service de S. M. Sarde. Brochure in-8° avec planches. 1849.   2 fr. 50 c.

Mémoires sur la fortification tenaillée et polygonale et sur la fortification bastionnée, 1 vol. in-4, et atlas grand in-f. 1850.   25 fr.

Paris.—Typographie de H. V. de Surcy et Cie, rue de Sèvres, 37.